בית ספר - escola 2
נסיעה - viagem 5
תחבורה - transporte 8
עיר - cidade 10
נוף - paisagem 14
מסעדה - restaurante 17
סופרמרקט - supermercado 20
שתיות - bebidas 22
אוכל - comida 23
חווה - fazenda 27
בית - casa 31
סלון - sala de estar 33
מטבח - cozinha 35
חדר אמבטיה - banheiro 38
חדר ילדים - quarto de criança 42
בגדים - vestuário 44
משרד - escritório 49
כלכלה - economia 51
מקצועות - profissões 53
כלי עבודה - ferramentas 56
כלי נגינה - instrumentos musicais 57
גן חיות - zoológico 59
ספורט - esportes 62
פעילויות - atividades 63
משפחה - família 67
גוף - corpo 68
בית חולים - hospital 72
חירום - emergência 76
כדור הארץ - Terra 77
שעון - relógio 79
שבוע - semana 80
שנה - ano 81
צורות - formas 83
צבעים - cores 84
הפכים - opostos 85
מספרים - números 88
שפות - idiomas 90
מי / מה / איך - quem / o quê / como 91
איפה - onde 92

Impressum
Verlag: BABADADA GmbH, Nedderfeld 112 , 22529 Hamburg
Geschäftsführer / Verlagsleitung: Harald Hof
Druck: Books on Demand GmbH, In de Tarpen 42, 22848 Norderstedt

Imprint
Publisher: BABADADA GmbH, Nedderfeld 112 , 22529 Hamburg, Germany
Managing Director / Publishing direction: Harald Hof
Print: Books on Demand GmbH, In de Tarpen 42, 22848 Norderstedt

1

בית ספר

escola

כיתה
sala de aulas
חילק
dividir
186/2
לוח
quadro
pátio da escola
מורה
professor
נייר
papel
כתב
escrever
עט
caneta
שולחן עבודה
escrivaninha
סרגל
régua
ספר
livro
תלמיד
aluno

ילקוט

sacola

קלמר

estojo de lápis

עיפרון

lápis

מחדד

apontador de lápis

גומי מחיקה

borracha

חוברת סרטוט

bloco de desenho

2

סרטוט

desenho

מברשת

pincel

קופסת צבעים

estojo de tintas

מספריים

tesoura

דבק

cola

ספר תרגול

livro de exercícios

שיעור בית

lição de casa

12

מספר

número

2+2

חיבר

somar

5-2

חיסר

subtrair

2×2

הכפיל

multiplicar

חישב

calcular

A

אות

letra

ABCDEFG
HIJKLMN
OPQRSTU
VWXYZ

אלפבית

alfabeto

hello

מילה

palavra

טקסט

texto

קרא

ler

גיר

giz

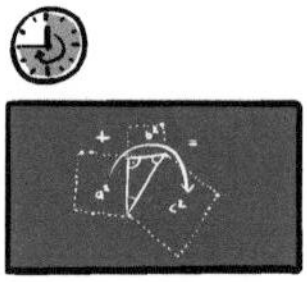

שיעור

hora

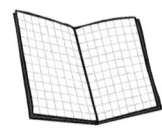

יומן נוכחות

registro da classe

מבחן

exame

תעודה

certificado

תלבושת בית ספר

uniforme escolar

חינוך

educação

אנציקלופדיה

enciclopédia

אוניברסיטה

universidade

מיקרוסקופ

microscópio

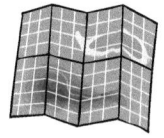

מפה

mapa

סל נייר

cesto de lixo

מלון
hotel
Grand
הוסטל
albergue
ROOMS
EXCHANGE
המרת מטבע
casa de câmbio
מזוודה
mala
אוטו
carro

שפה

idioma

כן / לא

sim / não

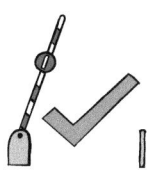

בסדר

ok

שלום

Olá

מתרגם

tradutor

תודה

obrigado

כמה עולה.....?

quanto custa...?

אני לא מבין

eu não entendo

בעיה

problema

ערב טוב!

boa noite!

בוקר טוב!

Bom dia!

לילה טוב!

Boa noite!

להתראות

até logo

כיוון

direção

כבודה

bagagem

תיק

bolsa

תרמיל גב

mochila

אורח

convidado

חדר

quarto

שק שינה

saco de dormir

אוהל

barraca

מרכז מידע לתיירים

informação turística

חוף ים

praia

כרטיס אשראי

cartão de crédito

ארוחת בוקר

café da manhã

ארוחת צהריים

almoço

ארוחת ערב

jantar

כרטיס

bilhete

מעלית

elevador

בול

selo

גבול

fronteira

מכס

alfândega

שגרירות

embaixada

אשרה

visto

דרכון

passaporte

תחבורה

transporte

מטוס
avião
אונייה
navio
כבאית
carro de bombeiros
אוטובוס
ônibus
משאית
caminhão
סירת מנוע
barco a motor
אופניים
bicicleta
אוטו
carro

מעבורת

balsa

סירה

barco

אופנוע

motocicleta

ניידת משטרה

veículo policial

מכונית מרוץ

carro de corrida

רכב שכור

carro de aluguel

מכוניות בשיתוף

compartilhamento de automóvel

אוטו גרר

caminhão de reboque

משאית זבל

caminhão de lixo

מנוע

motor

דלק

combustível

תחנת דלק

posto de gasolina

תמרור

placa de trânsito

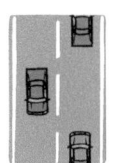

תנועה

trânsito

פקק תנועה

trânsito lento

חניה

estacionamento

תחנת רכבת

estação de trem

פסי רכבת

trilhos

רכבת

trem

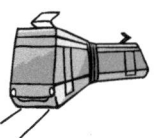

רכבת קלה

bonde

קרון

vagão

מסוק

helicóptero

שדה-תעופה

aeroporto

מגדל

torre

נוסע

passageiro

קונטיינר

contêiner

קרטון

cartolina

עגלה

carroça

סל

cesto

המראה / נחיתה

decolar / pousar

עיר
cidade

כפר

vilarejo

מרכז העיר

centro da cidade

בית

casa

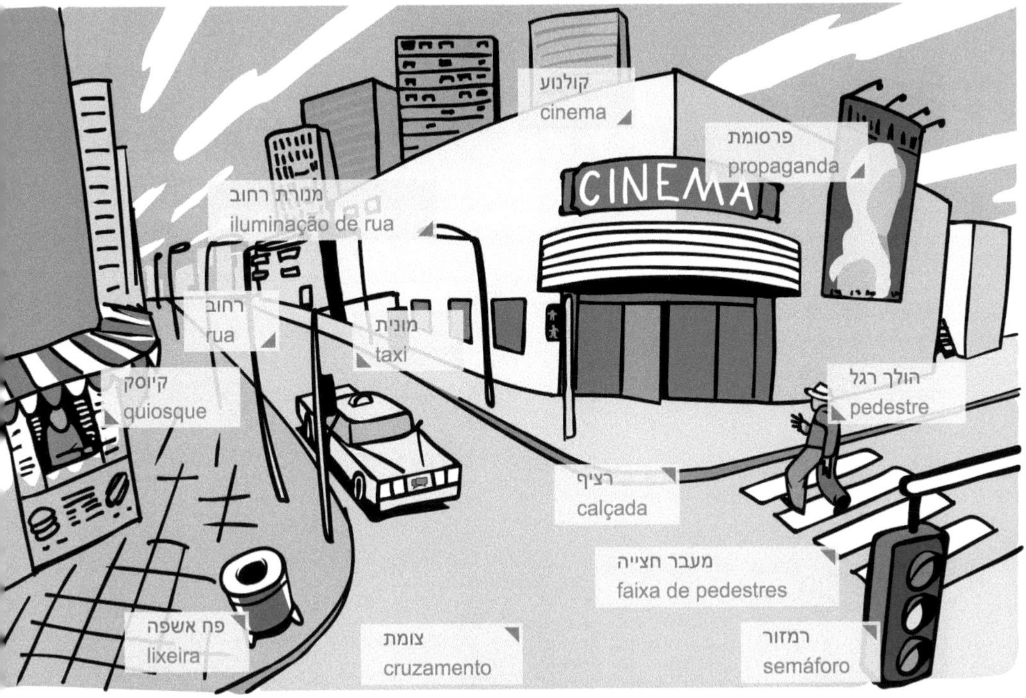
קולנוע
cinema
CINEMA
פרסומת
propaganda
מנורת רחוב
iluminação de rua
רחוב
rua
מונית
taxi
קיוסק
quiosque
הולך רגל
pedestre
רציף
calçada
מעבר חצייה
faixa de pedestres
פח אשפה
lixeira
צומת
cruzamento
רמזור
semáforo

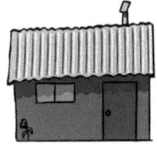

בקתה

cabana

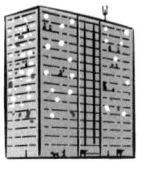

דירה

apartamento

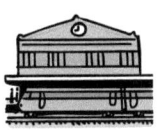

תחנת רכבת

estação de trem

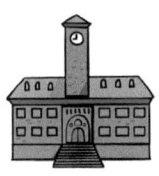

עירייה

prefeitura

MUSEUM

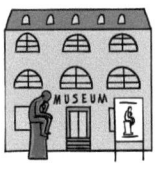

מוזיאון

museu

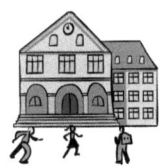

בית ספר

escola

אוניברסיטה

universidade

בנק

banco

בית חולים

hospital

מלון

hotel

בית מרקחת

farmácia

משרד

escritório

חנות ספרים

livraria

חנות

loja

חנות פרחים

floricultura

סופרמרקט

supermercado

שוק

mercado

כל-בו

loja de departamentos

מוכר דגים

peixaria

קניון

centro comercial

נמל

porto

פארק

parque

ספסל

banco

גשר

ponte

מדרגות

escadas

רכבת תחתית

metrô

מנהרה

túnel

תחנת אוטובוס

ponto de ônibus

בר

bar

מסעדה

restaurante

תא דואר

caixa de correspondência

שלט רחוב

placa de rua

מדחן

parquímetro

גן חיות

zoológico

בריכת שחיה

piscina

מסגד

mesquita

חווה	זיהום	בית עלמין
fazenda	poluição	cemitério

כנסייה	מגרש משחקים	בית מקדש
igreja	parquinho	templo

נוף
paisagem

עלה
folha

תמרור
placa de sinalização

דרך
caminho

מרעה
gramado

אבן
pedra

עץ
árvore

מטייל
caminhantes

נהר
rio

דשא
grama

פרח
flor

בקעה

vale

הר

montanha

אגם

lago

יער

floresta

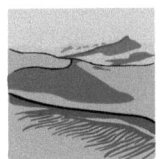

מדבר

deserto

הר געש

vulcão

טירה

castelo

קשת בענן

arco-íris

פטריה

cogumelo

דקל

palmeira

יתוש

mosquito

זבוב

mosca

נמלה

formiga

דבורה

abelha

עכביש

aranha

חיפושית

besouro

צפרדע

sapo

סנאי

esquilo

קיפוד

ouriço

ארנב

lebre

ינשוף

coruja

ציפור

pássaro

ברבור

cisne

חזיר בר

javali

צבי

veado

אייל הקורא

alce

סכר

barragem

טורבינת רוח

aerogerador

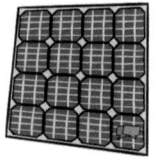

פנל סולארי

painel solar

אקלים

clima

מסעדה

restaurante

מלצר
garçom
תפריט
menu
כסא
cadeira
מרק
sopa
פיצה
pizza
סכו"ם
talheres
מפת שולחן
toalha de mesa

מנת פתיחה
....
entrada

מנה עיקרית
....
prato principal

קינוח
....
sobremesa

שתיות
....
bebidas

אוכל
....
comida

בקבוק
....
garrafa

מזון מהיר

fastfood

אוכל רחוב

comida de rua

קנקן תה

bule de chá

מסכרת

açucareiro

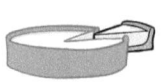

מנה

porção

מכונת אספרסו

máquina de expresso

כסא תינוק

cadeirão

חשבון

conta

מגש

bandeja

סכין

faca

מזלג

garfo

כף

colher

כפית

colher de chá

מפית

guardanapo

כוס

copo

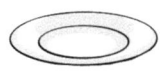

צלחת

prato

קערת מרק

prato de sopa

תחתית

pires

רוטב

molho

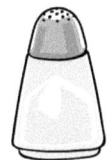

מלחייה

saleiro

מטחנת פלפל

moedor de pimenta

חומץ

vinagre

שמן

óleo

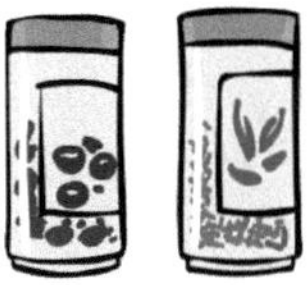

תבלינים

especiarias

קטשופ

ketchup

חרדל

mostarda

מיונז

maionese

סופרמרקט
supermercado

מבצע
oferta especial
לקוח
cliente
מוצרי חלב
laticínios
פירות
frutas
עגלת קניות
carrinho de compras

אטליז

açougue

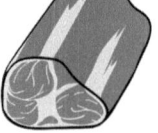

מאפייה

padaria

שקל

pesar

ירקות

legumes

בשר

carne

מזון קפוא

congelados

בשר קר

charcutaria

שימורים

conservas

אבקת כביסה

detergente em pó

ממתקים

doces

מוצרי בית

artigos domésticos

חומר ניקוי

produtos de limpeza

מוכרת

vendedora

קופה

caixa

קופאי

caixa

רשימת קניות

lista de compras

שעות פתיחה

horário de funcionamento

ארנק

carteira

כרטיס אשראי

cartão de crédito

תיק

sacola

שקית נילון

saco plástico

שתיות
bebidas

מים

água

מיץ

suco

חלב

leite

קולה

coca-cola

יין

vinho

בירה

cerveja

אלכוהול

álcool

קקאו

cacau

תה

chá

קפה

café

אספרסו

expresso

קפוצ'ינו

cappuccino

בננה

....

banana

תפוח

....

maçã

תפוז

....

laranja

אבטיח

....

melão

לימון

....

limão

גזר

....

cenoura

שום

....

alho

במבוק

....

bambu

בצל

....

cebola

פטריות

....

cogumelo

אגוזים

....

nozes

אטריות

....

macarrão

ספגטי

espaguete

אורז

arroz

סלט

salada

צ'יפס

batatas fritas

צ'יפס

batatas frias

פיצה

pizza

המבורגר

hambúrger

כריך

sanduíche

שניצל

escalope

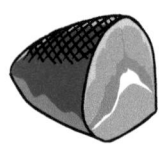

שינקין

presunto

סלאמי

salame

נקניקיה

salsicha

עוף

galinha

טיגון

assado

דג

peixe

שיבולת שועל

flocos de aveia

מוזלי

granola

קורנפלקס

flocos de milho

קמח

farinha

קרואסון

croissant

לחמנייה

pãozinho

לחם

pão

טוסט

torrada

עוגיות

biscoitos

חמאה

manteiga

גבינה לבנה

requeijão

עוגה

bolo

ביצה

ovo

ביצת עין

ovo frito

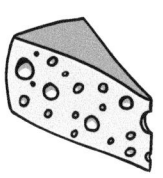

גבינה

queijo

גלידה

sorvete

סוכר

açúcar

דבש

mel

ריבה

geleia

ממרח נוגט

creme de avelãs

קארי

curry

חווה

fazenda

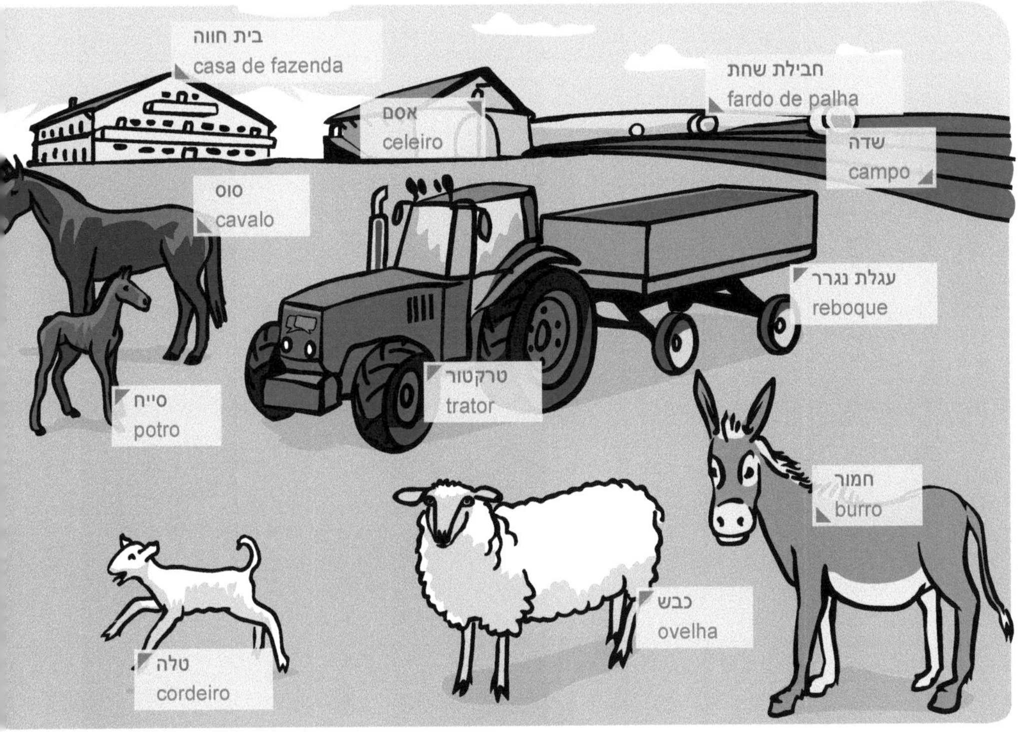

בית חווה
casa de fazenda
חבילת שחת
fardo de palha
אסם
celeiro
שדה
campo
סוס
cavalo
עגלת נגרר
reboque
טרקטור
trator
סייח
potro
חמור
burro
כבש
ovelha
טלה
cordeiro

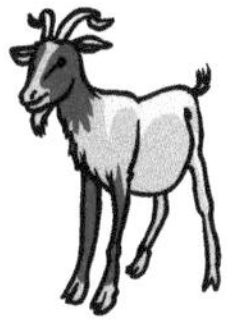

עז

cabra

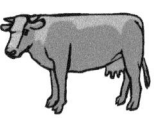

פרה

vaca

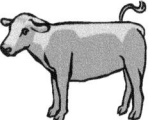

עגל

bezerro

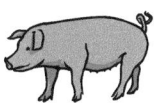

חזיר

porco

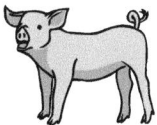

חזרזיר

leitão

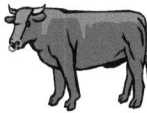

שור

touro

אווז

ganso

ברווז

pato

אפרוח

pintinho

תרנגולת

galinha

תרנגול

galo

חולדה

ratazana

חתול

gato

עכבר

camundongo

שור

boi

כלב

cachorro

מלונה

casinha do cachorro

צינור השקיה

mangueira de jardim

קנקן מים

regador

חרמש

foice

מחרשה

arado

מגל

foice

מגרפה

enxada

קלשון

forquilha

גרזן

machado

מריצה

carrinho de mão

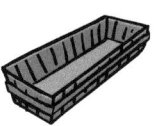

שוקת

manjedoura

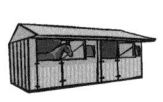

כד חלב

jarra de leite

שק

saco

גדר

cerca

אורווה

estábulo

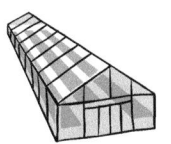

חממה

estufa

אדמה

solo

זרע

semente

דשן

fertilizante

מקצרה

colheitadeira

קצר

colher

קציר

colheita

בטטה אפריקנית

inhame

חיטה

trigo

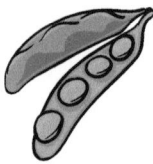

סויה

soja

תפוח אדמה

batata

תירס

milho

קנולה

colza

עץ פירות

árvore frutífera

קסבה

mandioca

דגנים

cereais

בית
casa

ארובה
chaminé
גג
telhado
מרזב
calhas de chuva
חלון
janela
מוסך
garagem
פעמון
campainha da porta
דלת
porta
פח אשפה
lata de lixo
תיבת מכתבים
caixa de correspondência
גינה
jardim

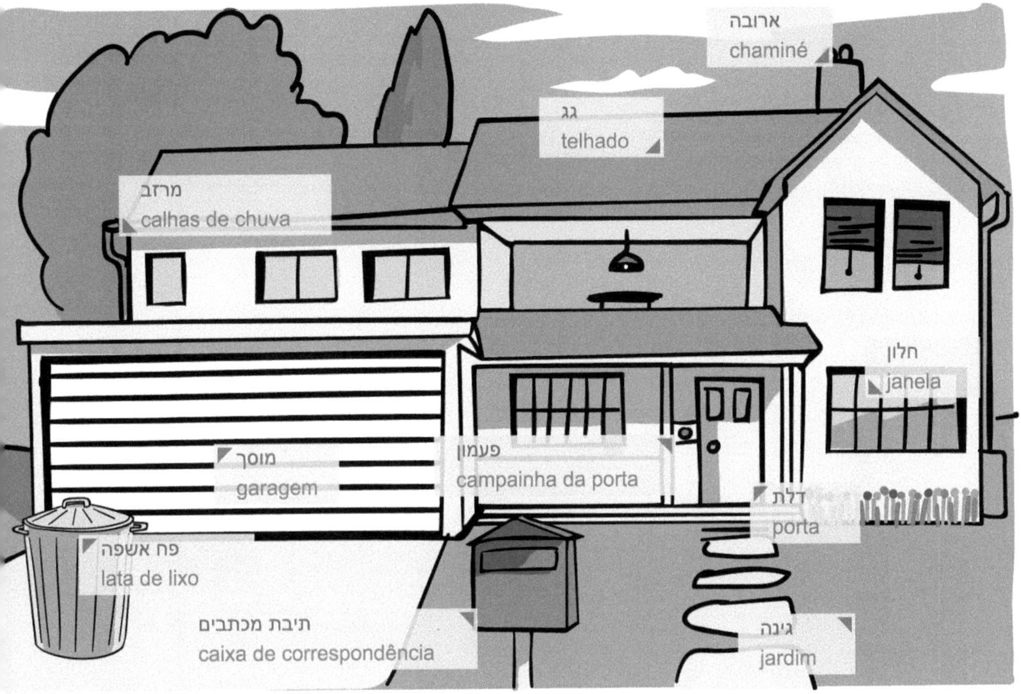

סלון
sala de estar

חדר אמבטיה
banheiro

מטבח
cozinha

חדר שינה
quarto de dormir

חדר ילדים
quarto de criança

חדר אוכל
sala de jantar

רצפה
chão

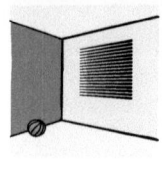

קיר
parede

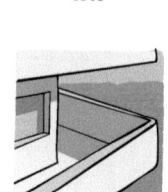

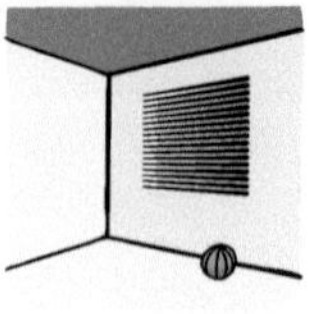

תקרה
teto

מרתף
porão

סאונה
sauna

מרפסת
varanda

מרפסת
terraço

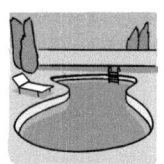

בריכה
piscina

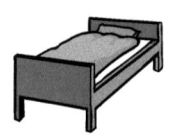

מכסחת דשא
cortador de grama

סדין
lençol

כיסוי מיטה
coberta

מיטה
cama

מטאטא
vassoura

דלי
balde

מפסק
interruptor

סלון

sala de estar

תמונה
quadro
מנורה
lâmpada
מדף
prateleira
ארון
armário
טלוויזיה
televisão
אח
lareira
פרח
flor
כרית
travesseiro
ספה
sofá
אגרטל
vaso
שלט רחוק
controle remoto

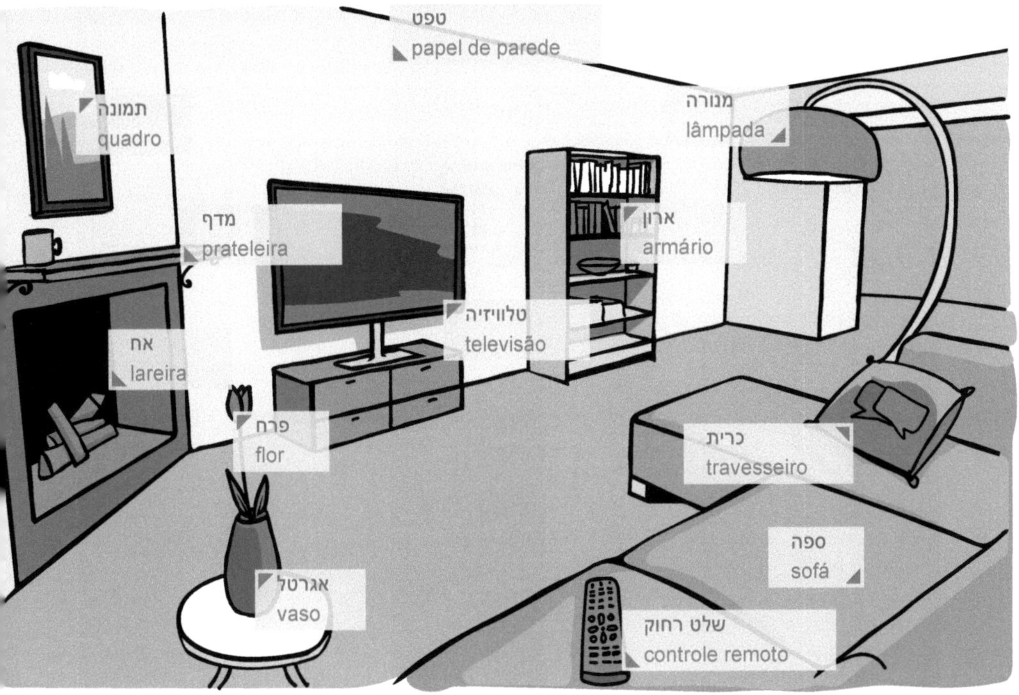

שטיח

tapete

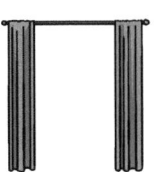

וילון

cortina

שולחן

mesa

כסא

cadeira

כיסא נדנדה

cadeira de balanço

כורסה

poltrona

ספר
livro

שמיכה
cobertor

דקורציה
decoração

עצי הסקה
lenha

סרט
filme

מערכת סטריאו
equipamento de som

מפתח
chave

עיתון
jornal

ציור
pintura

פוסטר
pôster

רדיו
rádio

מחברת
bloco de notas

שואב אבק
aspirador

קקטוס
cacto

נר
vela

מטבח
cozinha

מקרר
geladeira
מיקרוגל
microondas
balança de cozinha
טוסטר
tostadeira
חומר ניקוי
detergente
תנור
forno
מקפיא
freezer
פח אשפה
lata de lixo
מדיח כלים
lava-louças

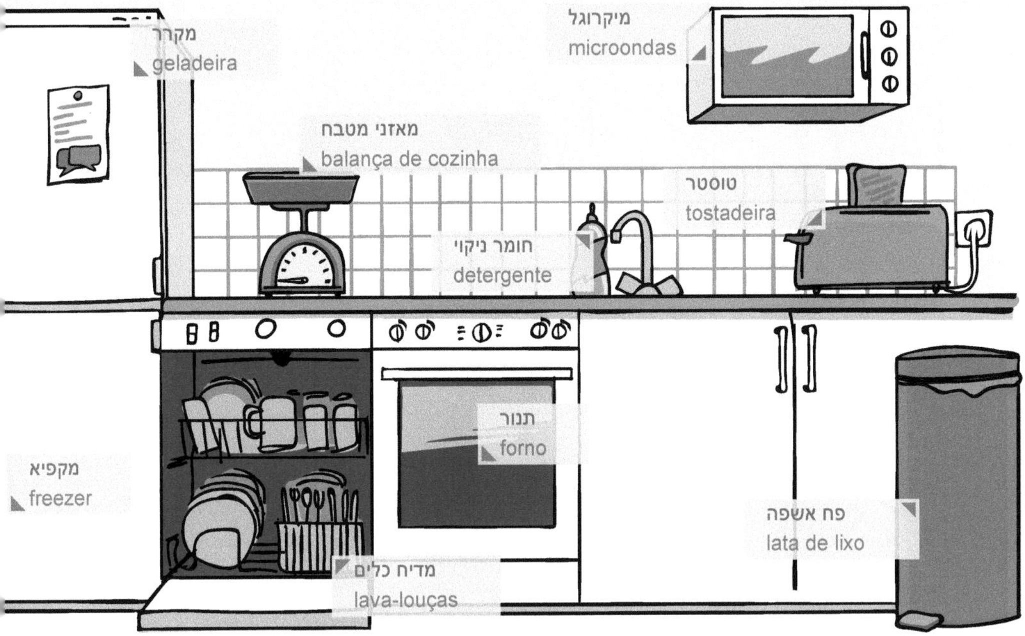

תנור

fogão

סיר

panela

סיר ברזל

panela de ferro

ווק

wok / kadai

מחבת

frigideira

קומקום חשמלי

chaleira

מאדה

panela a vapor

מגש אפייה

tabuleiro de forno

כלי אוכל

louça

ספל

caneca

קערה

caçarola

צ'ופסטיקס

hashi

מצקת

concha de sopa

מרית

espátula

מטרפה

batedor

מסננת בישול

escorredor

מסננת

peneira

מגרדת

ralador

מכתש

almofariz

גריל

churrasqueira

מדורה

lareira

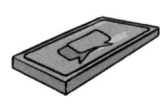

קרש חיתוך

tábua de cortar

מערוך

rolo da massa

פותחן פקקים

saca-rolhas

פחית

lata

פותחן קופסאות

abridor de latas

מטלית

pegador de panela

כיור

pia

מברשת

escova

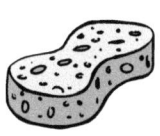

ספוג

esponja

בלנדר

liquidificador

מקפיא

congelador

בקבוק לתינוק

mamadeira

ברז

torneira

חדר אמבטיה
banheiro

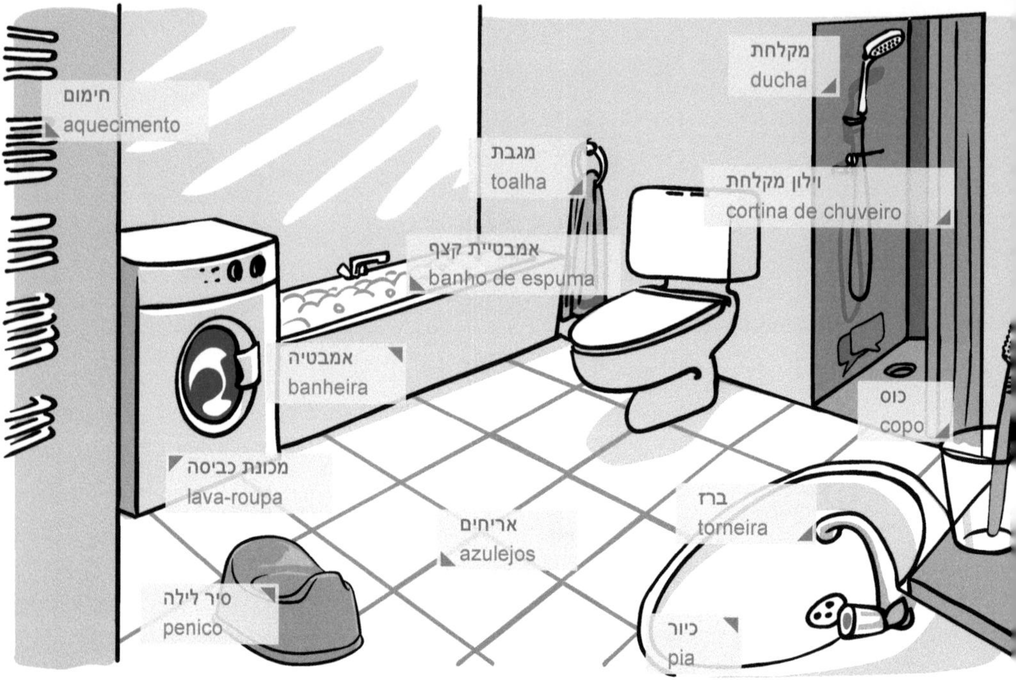

מקלחת
ducha

חימום
aquecimento

מגבת
toalha

וילון מקלחת
cortina de chuveiro

אמבטיית קצף
banho de espuma

אמבטיה
banheira

כוס
copo

מכונת כביסה
lava-roupa

אריחים
azulejos

ברז
torneira

סיר לילה
penico

כיור
pia

אסלה
vaso sanitário

אסלת כריעה
lavabo de agachar

בידה
bidê

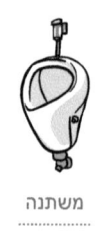

משתנה
mictório

נייר טואלט
papel higiênico

מברשת אסלה
escova de privada

מברשת שיניים

escova de dentes

משחת שיניים

pasta de dentes

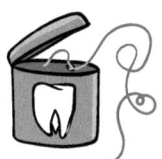

חוט דנטלי

fio dental

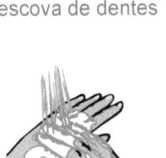

שטף

lavar

מקלחת יד

ducha de mão

צינור שטיפה לשירותים

ducha íntima

קערת רחצה

bacia

מברשת גב

escova para as costas

סבון

sabonete

ג'ל רחצה

gel de banho

שמפו

xampu

ליפה

toalha de rosto

ניקוז

escoamento

קרם

creme

דיאודורנט

desodorante

מראה

espelho

מראת יד

espelho de mão

סכין גילוח

barbeador

קצף גילוח

espuma de barbear

אפטרשייב

loção pós-barba

מסרק

pente

מברשת

escova

מייבש שיער

secador de cabelo

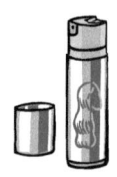

ספריי לשיער

spray de cabelo

איפור

maquiagem

שפתון

batom

לק

esmalte de unhas

צמר גפן

algodão

מספריים לציפורניים

tesoura para unhas

בושם

perfume

תיק כלי רחצה

nécessaire

שרפרף

banquinho

משקל

balança

חלוק רחצה

roupão de banho

כפפות גומי

luvas de borracha

טמפון

absorvente interno

תחבושת סניטרית

absorvente íntimo

שירותים כימיקליים

banheiro químico

חדר ילדים
quarto de criança

שעון מעורר
despertador
צעצוע חיבוק
boneco de pelúcia
מכונית צעצוע
carrinho de brinquedo
רעשן
chacoalho
בית בובות
casa de bonecas
מתנה
presente

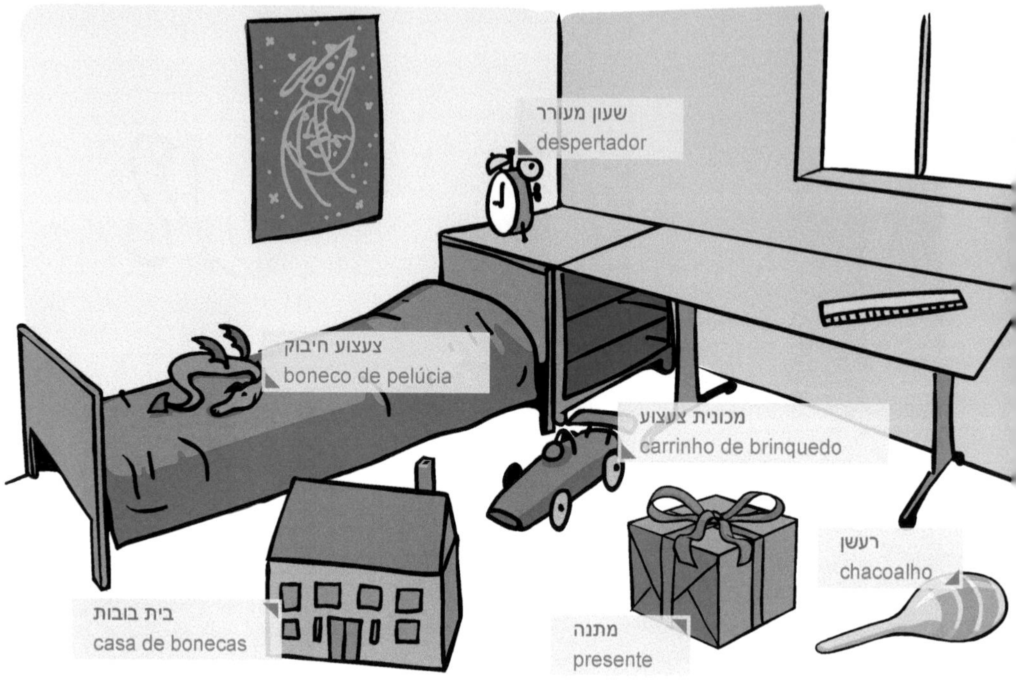

בלון

balão

מיטה

cama

עגלה

carrinho de bebê

משחק קלפים

jogo de cartas

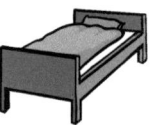

פאזל

quebra-cabeças

קומיקס

revista de quadrinhos

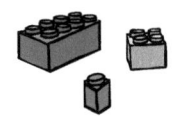

לגו

peças de Lego

קוביות משחק

blocos de construção

דמות משחק

figura de ação

סרבל תינוקות

macaquinho de bebê

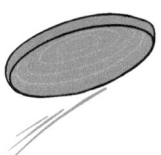

פריזבי

frisbee

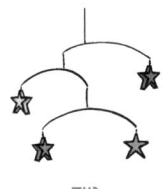

נייד

móbile para bebé

משחק לוח

jogo de tabuleiro

קוביה

dados

רכבת צעצוע

trenzinho elétrico

מוצץ

chupeta

מסיבה

festa

אלבום תמונות

livro ilustrado

כדור

bola

בובה

boneca

שיחק

brincar

ארגז חול

caixa de areia

נדנדה

balanço

צעצועים

brinquedos

קונסולת משחקים

videogame

אופניים תלת גלגלי

triciclo

דובון

ursinho de pelúcia

ארון בגדים

guarda-roupa

בגדים

vestuário

גרביים

meias

גרביונים

meias pelo joelho

גרביון

meias-calças

צעיף
cachecol

מטריה
guarda-chuva

חולצת טי
camiseta

חגורה
cinto

נעלי בית
chinelos

מגפיים
botas

נעלי ספורט
tênis

סנדלים
sandálias

נעליים
sapatos

מגפי גומי
botas de borracha

תחתונים
roupa de baixo

חזייה
sutiã

וסט
camiseta de baixo

גוף

body

מכנסיים

calças

ג'ינס

jeans

חצאית

saia

חולצה מכופתרת

blusa

חולצה

camisa

אפודה

pulôver

סווצ'ר עם קפוצ'ון

suéter com capuz

בלייזר

blazer

ז'קט

jaqueta

מעיל

casaco

מעיל גשם

gabardine

תלבושת

traje

שמלה

vestido

שמלת כלה

vestido de casamento

חליפה

terno

כותונת לילה

camisola

פיג'מה

pijama

סארי

sari

מטפחת ראש

lenço de cabeça

טורבן

turbante

בורקה

burca

קאפטן

cafetã

עבאיה

abaya

בגד ים

maiô

בגד ים

sunga

מכנסיים קצרים

shorts

בגד אימון

roupa de treino

סינר

avental

כפפות

luvas

כפתור

botão

משקפיים

óculos

צמיד יד

pulseira

שרשרת

colar

טבעת

anel

עגיל

brinco

כובע

boné

קולב

cabide

כובע

chapéu

עניבה

gravata

רוכסן

zíper

קסדה

capacete

כתפיות

suspensórios

תלבושת בית ספר

uniforme escolar

מדים

uniforme

מפית אוכל

babador

מוצץ

chupeta

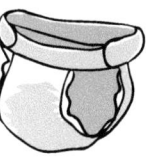

חיתול

fralda

משרד

escritório

שרת
servidor
תיקייה
armário de arquivos
מדפסת
impressora
נייר
papel
מסך
monitor
עכבר
mouse
שולחן עבודה
escrivaninha
תיק
pasta
מקלדת
teclado
סל נייר
cesto de lixo
מחשב
computador
כסא
cadeira

ספל קפה

xícara de café

מחשבון

calculadora

אינטרנט

internet

מחשב נייד

laptop

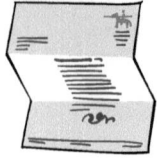

מכתב

carta

הודעה

mensagem

נייד

celular

רשת

rede

מכונת צילום

copiadora

תוכנה

software

טלפון

telefone

שקע

tomada

פקס

fax

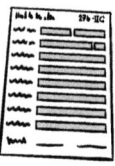

טופס

formulário

מסמך

documento

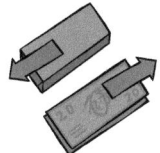

קנה

comprar

שילם

pagar

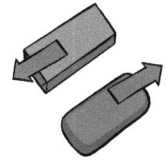

סחר

negociar

כסף

dinheiro

דולר

Dólar

יורו

Euro

ין

Yen

רובל

rublo

פרנק שווייצרי

franco suíço

יואן רנמינבי

renminbi yuan

רופי

rupia

כספומט

caixa eletrônico

המרת מטבע

casa de câmbio

זהב

ouro

כסף

prata

נפט

petróleo

אנרגיה

energia

מחיר

preço

חוזה

contrato

מס

imposto

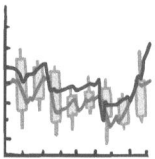

מנייה

ação

עבד

trabalhar

עובד

empregado

מעסיק

empregador

מפעל

fábrica

חנות

loja

מקצועות
profissões

שוטר
policial
כבאי
bombeiro
טבח
cozinheiro
רופא
médico
טייס
piloto

גנן

jardineiro

נגר

marceneiro

תופרת

costureira

שופט

juiz

כימאי

químico

שחקן

ator

נהג אוטובוס

motorista de ônibus

נהג מונית

motorista de táxi

דייג

pescador

עובדת נקיון

faxineira

מתקן גגות

telhador

מלצר

garçom

צייד

caçador

צייר

pintor

אופה

padeiro

חשמלאי

eletricista

עובד בניין

construtor

מהנדס

engenheiro

קצב

açougueiro

אינסטלטור

encanador

דוור

carteiro

חייל

soldado

אדריכל

arquiteto

קופאי

caixa

מוכר פרחים

florista

ספר

cabelereiro

כרטיסן

condutor

מכונאי

mecânico

קברניט

capitão

רופא שיניים

dentista

מדען

cientista

רב

rabino

אימאם

imam

נזיר

monge

כומר

pastor

כלי עבודה
ferramentas

פטיש
martelo
צבת
alicate
מברג
chave de fenda
פנס
lanterna
מפתח ברגים
chave inglesa

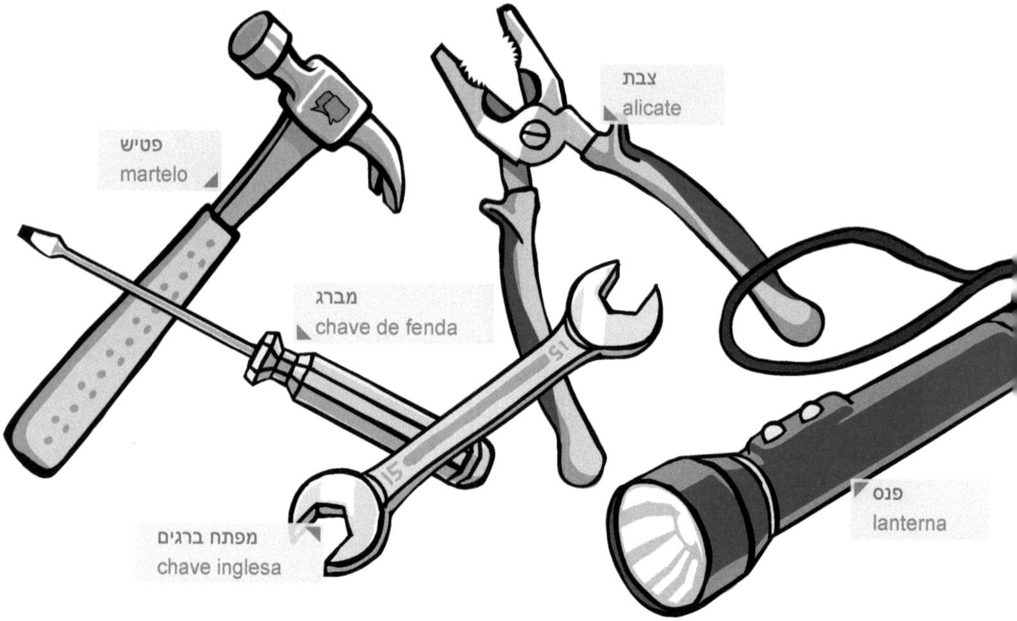

דחפור

escavadora

ארגז כלים

caixa de ferramentas

סולם

escada de mão

מסור

serra

מסמרים

pregos

מקדחה

furadeira

תיקן

consertar

את חפירה

pá

לעזאזל!

Droga!

יעה

pá de lixo

פח צבע

pote de tinta

ברגים

parafusos

כלי נגינה

instrumentos musicais

רמקול
alto-falante
מערכת תופים
bateria
גיטרה
guitarra
קונטראבס
contrabaixo
חצוצרה
trompete

פסנתר

piano

כינור

violino

בס

baixo

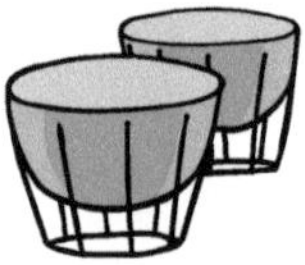

תוף הדוד

timbales

תופים

tambor

מקלדת פסנתר

teclado

סקסופון

saxofone

חליל

flauta

מיקרופון

microfone

גן חיות

zoológico

כניסה
entrada
נמר
tigre
כלוב
gaiola
זברה
zebra
מזון לחיות
ração animal
פנדה
panda

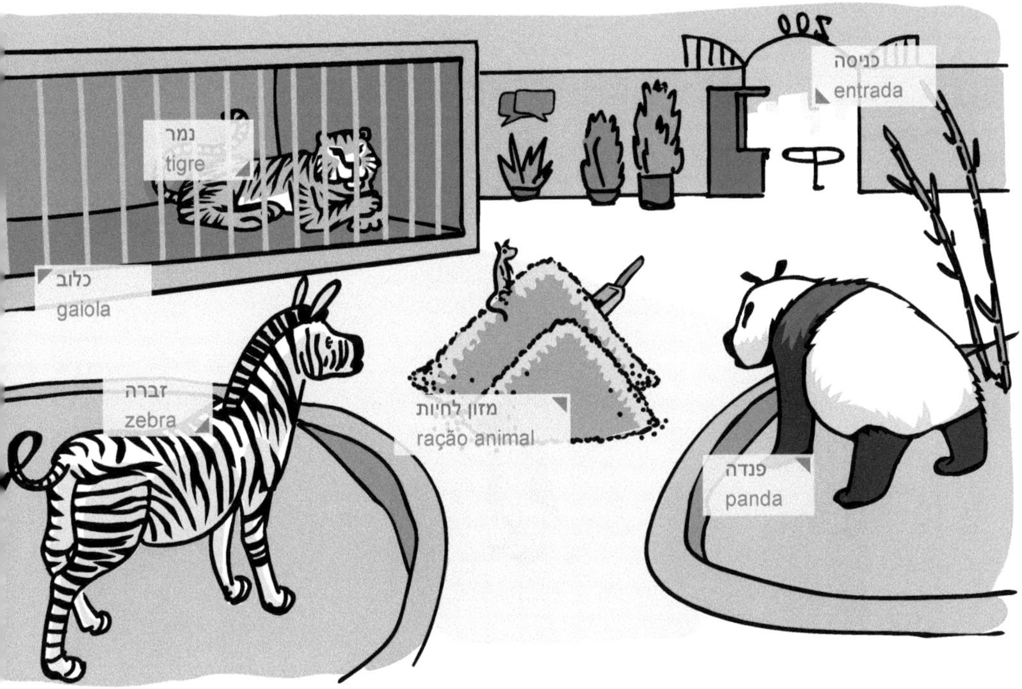

בעלי חיים

animais

פיל

elefante

קנגרו

canguru

קרנף

rinoceronte

גורילה

gorila

דוב

urso

גמל

camelo

יען

avestruz

אריה

leão

קוף

macaco

פלמינגו

flamingo

תוכי

papagaio

דוב הקרח

urso polar

פינגווין

pinguim

כריש

tubarão

טווס

pavão

נחש

cobra

תנין

crocodilo

שומר גן החיות

guarda do zoológico

כלב ים

foca

יגואר

jaguar

סוס פוני

pônei

לאופרד

leopardo

היפופוטאם

hipopótamo

ג'ירפה

girafa

נשר

águia

חזיר בר

javali

דג

peixe

צב

tartaruga

סוס ים

morsa

שועל

raposa

איילה

gazela

ספורט

esportes

פוטבול אמריקאי
futebol americano
רכיבת אופניים
ciclismo
טניס
tênis
כדורסל
basquete
שחיה
natação
הוקי
hóquei no gelo
אגרוף
boxe

כדורגל

futebol

בדמינטון

badminton

אתלטיקה

atletismo

כדור-יד

handebol

עשה סקי

esqui

פולו

polo

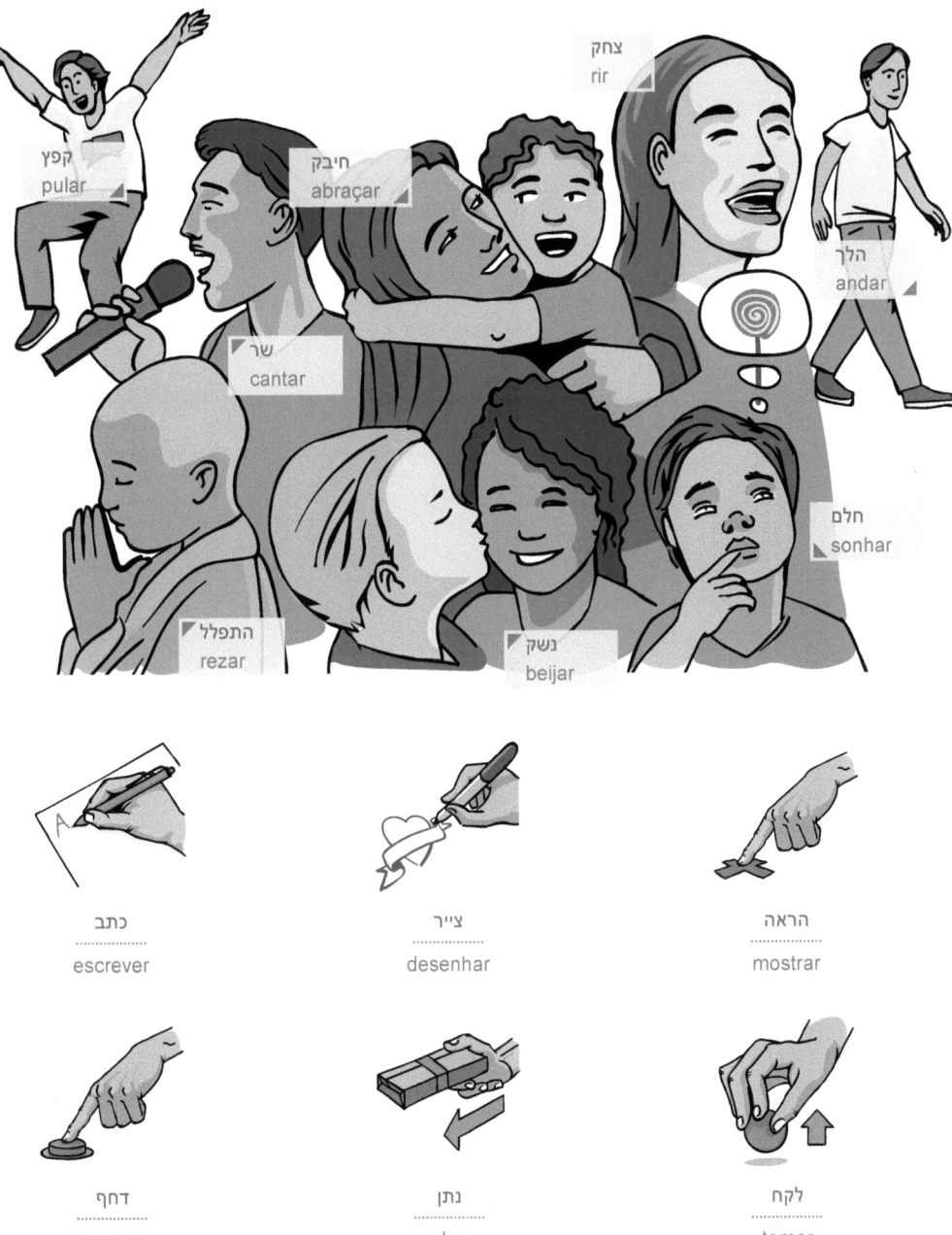

פעילויות
atividades

קפץ
pular
חיבק
abraçar
צחק
rir
הלך
andar
שר
cantar
חלם
sonhar
התפלל
rezar
נשק
beijar

כתב
escrever

צייר
desenhar

הראה
mostrar

דחף
empurrar

נתן
dar

לקח
tomar

יש / להיות הבעלים

ter

עשה

fazer

היה

ser

עמד

ficar de pé

רץ

correr

משך

puxar

זרק

jogar

נפל

cair

שכב

deitar

חיכה

esperar

סחב

carregar

ישב

sentar

התלבש

vestir

ישן

dormir

התעורר

despertar

הסתכל ב-
olhar para

בכה
chorar

ליטף
acariciar

סירק
pentear

דיבר
falar

הבין
entender

שאל
perguntar

שמע
ouvir

שתה
beber

אכל
comer

סידר
arrumar

אהב
amar

בישל
cozinhar

נהג
dirigir

עף
voar

שט
....
velejar

חישב
....
calcular

קרא
....
ler

למד
....
aprender

עבד
....
trabalhar

התחתן
....
casar

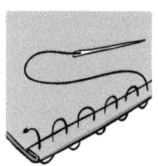

תפר
....
costurar

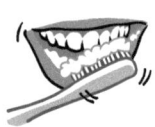

ציחצח שיניים
....
escovar os dentes

הרג
....
matar

עישן
....
fumar

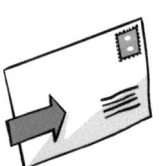

שלח
....
enviar

משפחה
família

סבתא
avó
סבא
avô
אבא
pai
אימא
mãe
תינוק
bebê
בת
filha
בן
filho

אורח

convidado

דודה

tia

דוד

tio

אח

irmão

אחות

irmã

גוף

corpo

מצח
testa
עין
olho
כתף
ombro
אצבע
dedo
פנים
rosto
סנטר
queixo
כף יד
mão
רגל
perna
חזה
peito
זרוע
braço

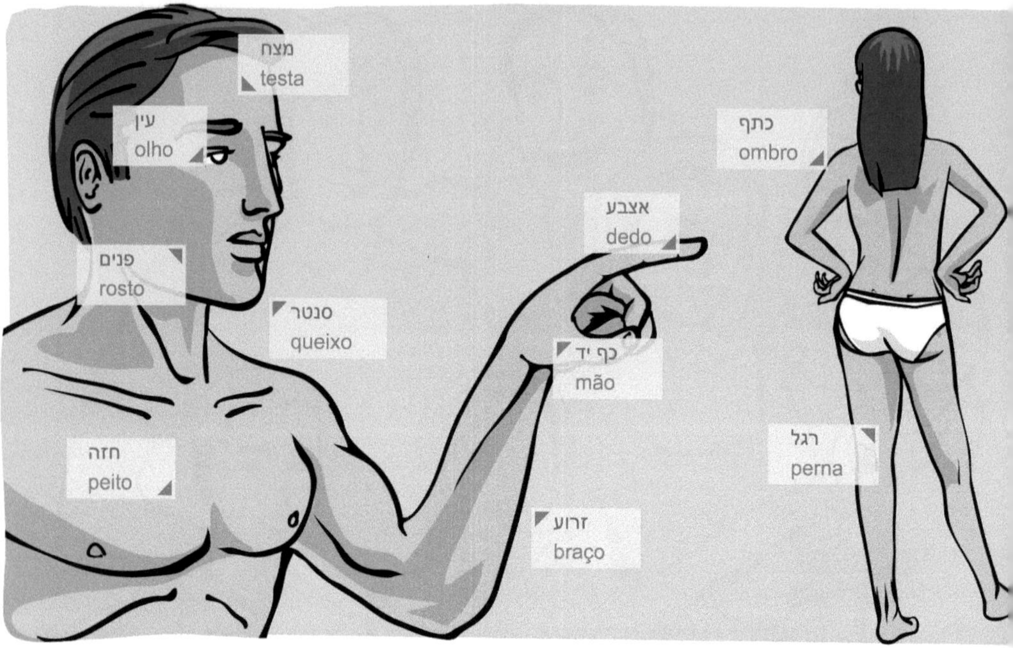

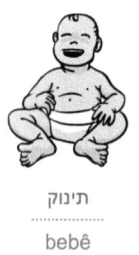

תינוק

bebê

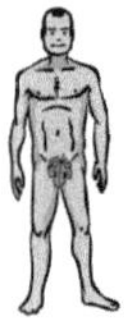

איש

homem

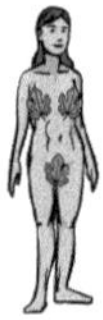

אישה

mulher

ילדה

menina

ילד

menino

ראש

cabeça

גב
costas

בטן
barriga

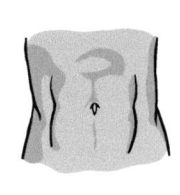

טבור
umbigo

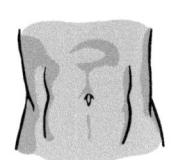

אצבע
dedo do pé

עקב
calcanhar

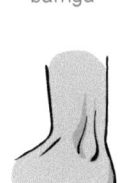

עצם
osso

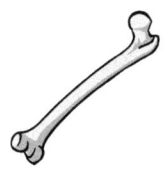

ירך
anca

ברך
joelho

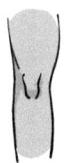

מרפק
cotovelo

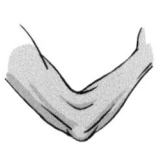

אף
nariz

עכוז
nádegas

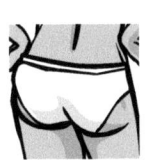

עור
pele

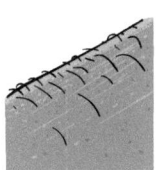

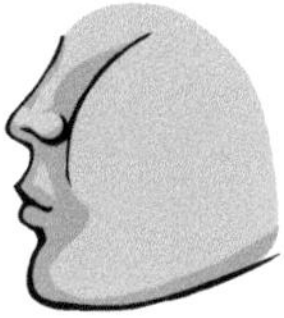

לחי
bochecha

אוזן
orelha

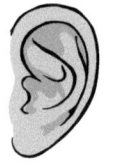

שפתיים
lábio

פה

boca

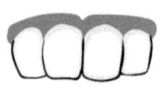

שן

dente

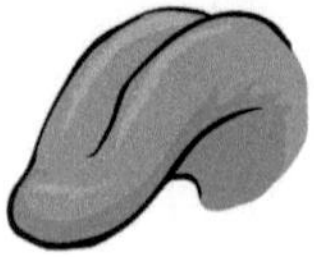

לשון

língua

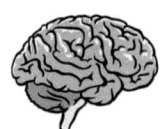

מוח

cérebro

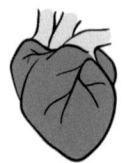

לב

coração

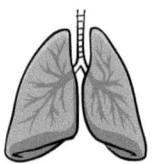

שריר

músculo

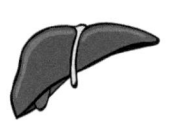

ריאה

pulmão

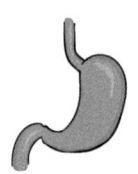

כבד

fígado

קיבה

estômago

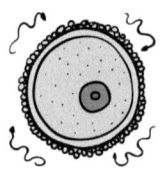

כליות

rins

מין

relações sexuais

קונדום

preservativo

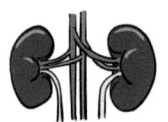

ביצית

óvulo

זרע

esperma

הריון

gravidez

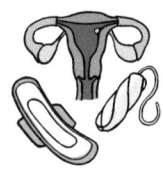

וסת

menstruação

נרתיק

vagina

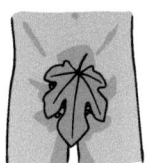

פין

pênis

גבה

sobrancelha

שיער

cabelo

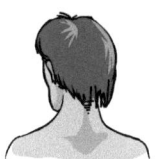

צוואר

pescoço

בית חולים
hospital

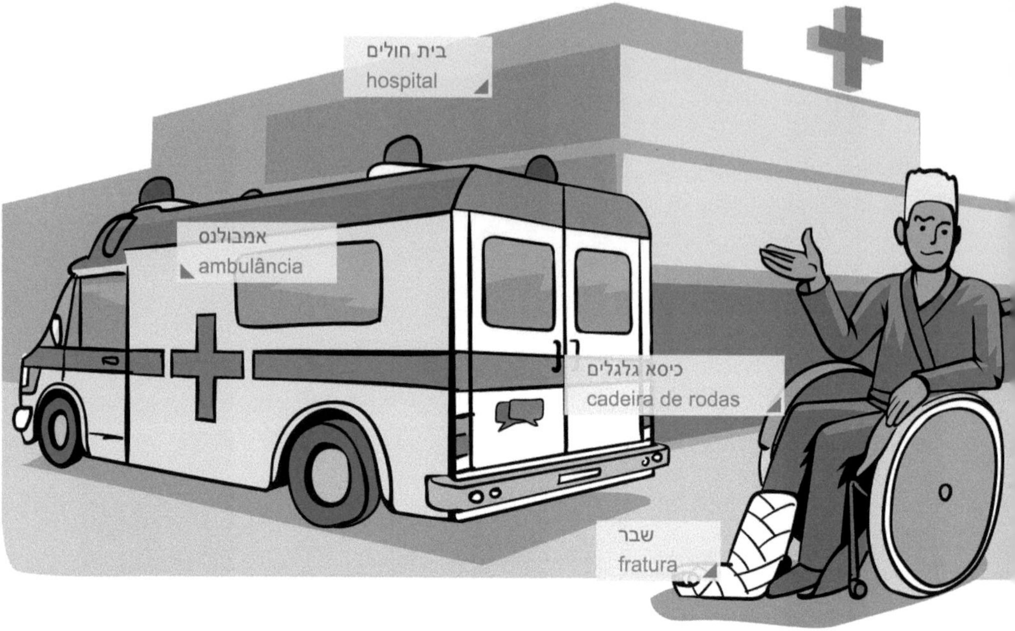

בית חולים
hospital
אמבולנס
ambulância
כיסא גלגלים
cadeira de rodas
שבר
fratura

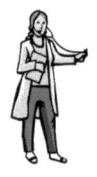

רופא

médico

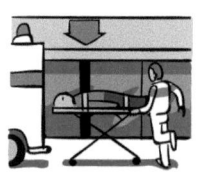

חדר מיון

pronto-socorro

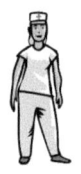

אחות

enfermeira

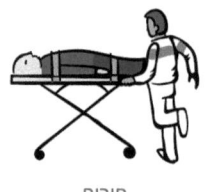

חירום

emergência

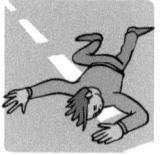

חסר הכרה

inconsciente

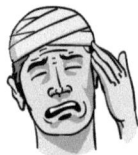

כאב

dor

פציעה

ferimento

דימום

hemorragia

התקף לב

ataque cardíaco

שבץ

acidente vacular cerebral

אלרגיה

alergia

שיעול

tosse

חום

febre

שפעת

gripe

שלשול

diarreia

כאב ראש

dor de cabeça

סרטן

câncer

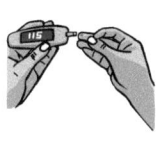

סוכרת

diabetes

מנתח

cirurgião

אזמל

bisturi

ניתוח

operação

סי-טי
CT

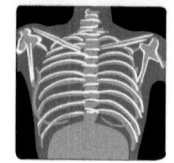

רנטגן
raio x

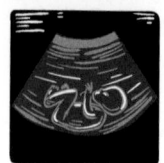

אולטרסאונד
ultrassom

מסיכת פנים
máscara

מחלה
doença

חדר המתנה
sala de espera

קבה
muleta

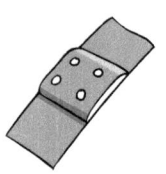

פלסטר
bandeide

תחבושת
ligadura

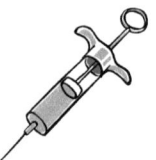

זריקה
injeção

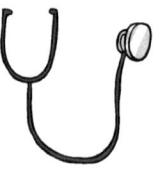

סטטוסקופ
estetoscópio

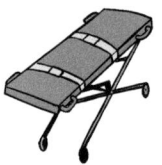

אלונקה
maca

מד חום
termômetro

לידה
nascimento

עודף משקל
excesso de peso

מכשיר שמיעה

aparelho auditivo

מחטא

desinfetante

זיהום

infecção

נגיף

vírus

איידס

HIV / AIDS

תרופה

medicamento

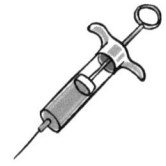

חיסון

vacinação

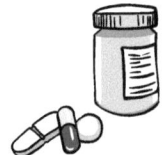

טבליות

comprimidos

גלולה

pílula

קריאת חירום

chamada de emergência

מד לחץ דם

dispositivo de medição de
pressão arterial

חולה / בריא

doente / saudável

חירום
emergência

!הצילו
....
Socorro!

אזעקה
....
alarme

פשיטה
....
assalto

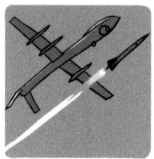

תקיפה
....
ataque

סכנה
....
perigo

יציאת חירום
....
saída de emergência

!אש
....
Fogo!

מטף כיבוי
....
extintor de incêndios

תאונה
....
acidente

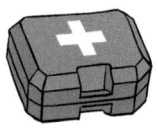

ערכת עזרה ראשונה
....
maleta de primeiros socorros

!הצילו
....
SOS

משטרה
....
polícia

כדור הארץ
Terra

אירופה

Europa

צפון אמריקה

América do Norte

דרום אמריקה

América do Sul

אפריקה

África

אסיה

Ásia

אוסטרליה

Austrália

האוקיינוס האטלנטי

Atlântico

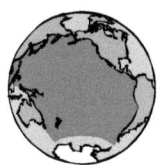

האוקיינוס השקט

Pacífico

האוקיינוס ההודי

Oceano Índico

האוקיינוס האנטרקטי

Oceano Antártico

האוקיינוס הארקטי

Oceano Ártico

הקוטב הצפוני

Polo Norte

הקוטב הדרומי

Polo Sul

אנטארקטיקה

Antártica

כדור הארץ

Terra

אדמה

terra

ים

mar

אי

ilha

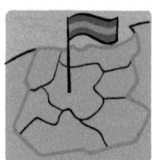

לאום

nação

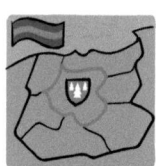

מדינה

estado

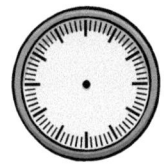

שעון
relógio

פני השעון

mostrador do relógio

מחוג השעות

ponteiro das horas

מחוג הדקות

ponteiro dos minutos

מחוג השניות

ponteiro dos segundos

מה השעה?

Que horas são?

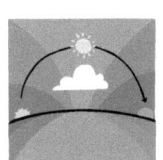

יום

dia

זמן

tempo

עכשיו

agora

שעון דיגיטלי

relógio digital

דקה

minuto

שעה

hora

שבוע

semana

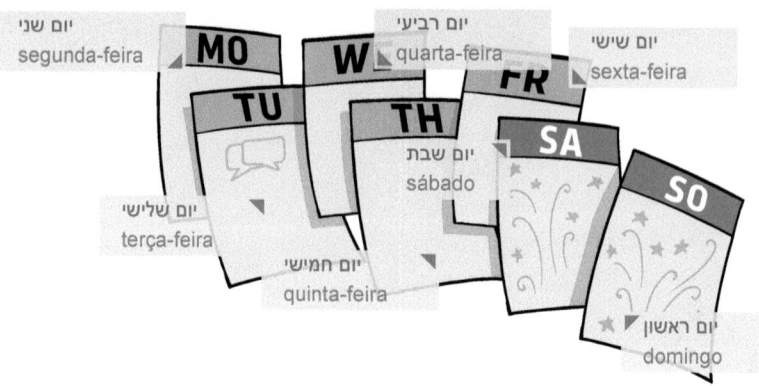

יום שני
segunda-feira

יום רביעי
quarta-feira

יום שישי
sexta-feira

יום שלישי
terça-feira

יום שבת
sábado

יום חמישי
quinta-feira

יום ראשון
domingo

אתמול
ontem

היום
hoje

מחר
amanhã

בוקר
manhã

צהריים
meio-dia

ערב
entardecer

MO	TU	WE	TH	FR	SA	SU
1	2	3	4	5	6	7
8	9	10	11	12	13	14
15	16	17	18	19	20	21
22	23	24	25	26	27	28
29	30	31	1	2	3	4

ימי עבודה
dias úteis

MO	TU	WE	TH	FR	SA	SU
1	2	3	4	5	6	7
8	9	10	11	12	13	14
15	16	17	18	19	20	21
22	23	24	25	26	27	28
29	30	31	1	2	3	4

סוף שבוע
fim de semana

שנה
ano

גשם
chuva
קשת בענן
arco-íris
שלג
neve
רוח
vento
אביב
primavera
סתיו
outono
קיץ
verão
חורף
inverno

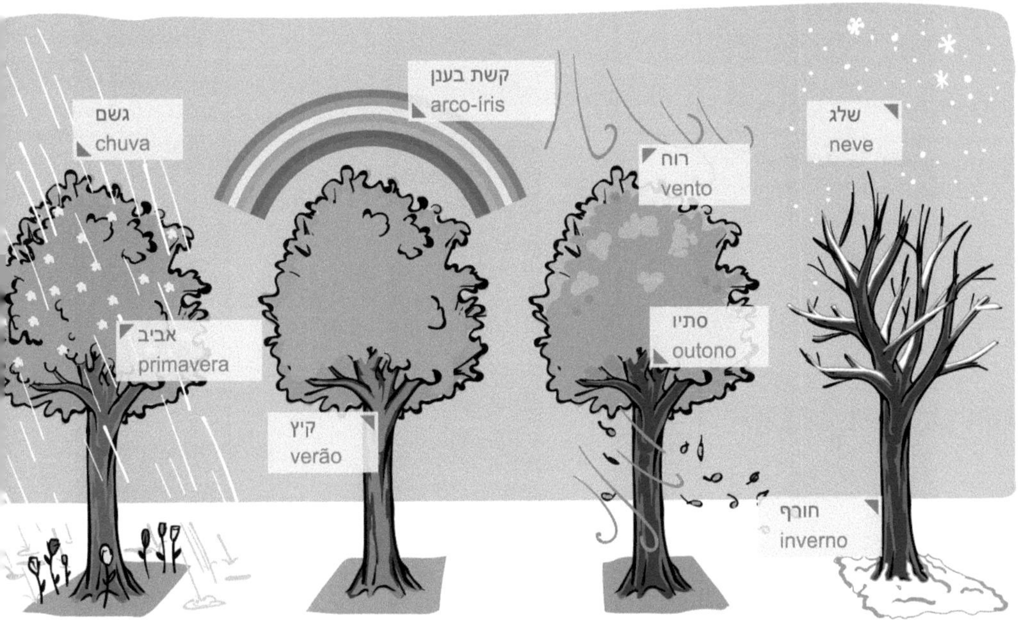

תחזית מזג האוויר

previsão do tempo

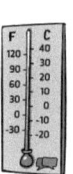

מד חום

termômetro

אור שמש

raio de sol

ענן

nuvem

ערפל

neblina / nevoeiro

לחות

umidade do ar

ברק

relâmpago

רעם

trovão

סערה

tempestade

ברד

granizo

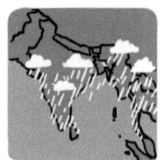

רוח עונתי

monção

שיטפון

inundação

קרח

gelo

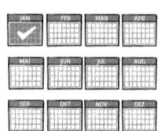

ינואר

janeiro

פברואר

fevereiro

מרץ

março

אפריל

abril

מאי

maio

יוני

junho

יולי

julho

אוגוסט

agosto

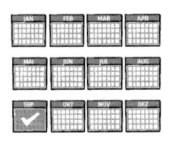

ספטמבר

setembro

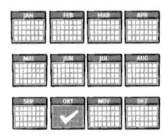

אוקטובר

outubro

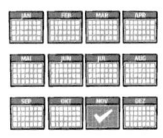

נובמבר

novembro

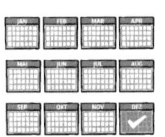

דצמבר

dezembro

צורות

formas

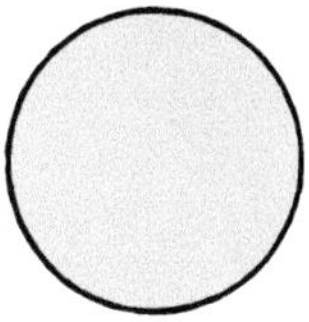

עיגול

círculo

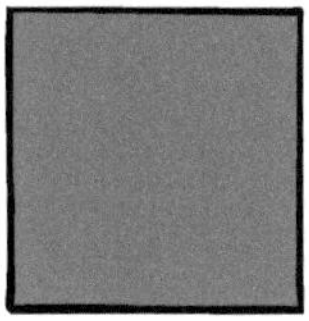

מרובע

quadrado

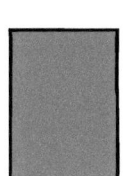

מלבן

retângulo

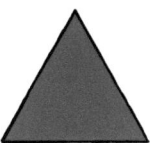

משולש

triângulo

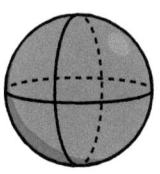

כדור

esfera

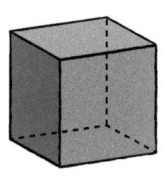

קובייה

cubo

צבעים

cores

לבן

branco

צהוב

amarelo

כתום

laranja

ורוד

rosa

אדום

vermelho

סגול

lilás

כחול

azul

ירוק

verde

חום

marrom

אפור

cinza

שחור

preto

הפכים

opostos

הרבה / מעט

muito / pouco

כועס / רגוע

furioso / tranquilo

יפה / מכוער

lindo / feio

התחלה / סוף

começo / fim

גדול / קטן

grande / pequeno

בהיר / כהה

claro / escuro

אח / אחות

irmão / irmã

נקי / מלוכלך

limpo / sujo

שלם / חלקי

completo / incompleto

יום /לילה

dia / noite

מת / חי

morto / vivo

רחב / צר

largo / estreito

אכיל / לא אכיל

comestível / não comestível

רשע / טוב לב

mau / gentil

מתרגש / משועמם

entusiasmado / entediado

שמן / רזה

gordo / magro

ראשון / אחרון

primeiro / último

חבר / אויב

amigo / inimigo

מלא / ריק

cheio / vazio

קשה / רך

duro / macio

כבד / קל

pesado / leve

רעב / צמא

fome / sede

חולה / בריא

doente / saudável

בלתי-חוקי / חוקי

ilegal / legal

נבון / טיפש

inteligente / idiota

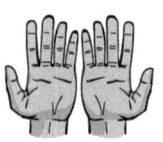

שמאל / ימין

esquerda / direita

קרוב / רחוק

perto / longe

חדש / משומש

novo / usado

כלום / משהו

nada / alguma coisa

זקן / צעיר

velho / jovem

פעיל / כבוי

ligado / desligado

פתוח / סגור

aberto / fechado

שקט / רועש

baixo / alto

עשיר / עני

rico / pobre

נכון / שגוי

certo / errado

מחוספס / חלק

áspero / liso

עצוב / שמח

triste / feliz

קצר / ארוך

curto / longo

איטי / מהיר

lento / rápido

רטוב / יבש

molhado / seco

חם / קר

ameno / fresco

מלחמה / שלום

guerra / paz

מספרים
números

0	1	2
אפס	אחת	שתיים
zero	um	dois
3	4	5
שלוש	ארבע	חמש
três	quatro	cinco
6	7	8
שש	שבע	שמונה
seis	sete	oito
9	10	11
תשע	עשר	אחת-עשרה
nove	dez	onze

12

שתים-עשרה

doze

13

שלוש-עשרה

treze

14

ארבע-עשרה

quatorze

15

חמש-עשרה

quinze

16

שש-עשרה

dezesseis

17

שבע-עשרה

dezessete

18

שמונה-עשרה

dezoito

19

תשע-עשרה

dezenove

20

עשרים

vinte

100

מאה

cem

1.000

אלף

mil

1.000.000

מיליון

milhão

שפות
idiomas

אנגלית

inglês

אנגלית אמריקאית

inglês americano

סינית מנדרינית

chinês mandarim

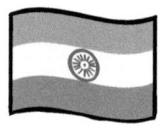

הודית

hindi

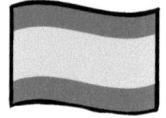

ספרדית

espanhol

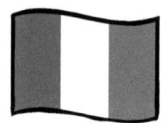

צרפתית

francês

ערבית

árabe

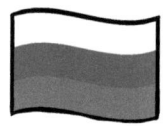

רוסית

russo

פורטוגזית

português

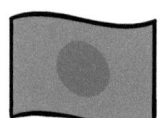

בנגלית

bengalês

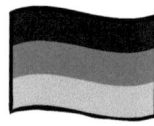

גרמנית

alemão

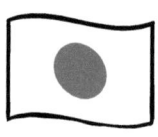

יפנית

japonês

אני
eu

אתה / את
você

הוא / היא / זה
ele / ela

אנחנו
nós

אתם
vocês

הם
eles / elas

מי?
quem?

מה?
O quê?

איך?
como?

איפה?
onde?

מתי?
Quando?

שם
nome

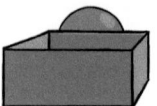

איפה
onde

מאחור

atrás

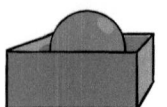

בתוך

em

לפני

na frente de

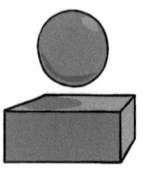

מעל

sobre

על

em cima

מתחת

debaixo

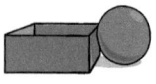

ליד

do lado

בין

entre

מקום

lugar